글·그림 데즈카 아케미

1967년 가나가와 현 출생. 일본 아동 출판 미술가 연맹 회원. 그래픽 디자인 회사를 거쳐 1998년부터 프리랜서 일러스트레이터로 활동 중이다. 서적, 잡지, 광고 등의 일러스트 작업을 맡고 있으며 생활용품도 디자인한다. 그린 책으로 《나의 첫 우주 그림책》《세계와 만나는 그림책》 등이 있다.

옮김 김경은

성신여자대학교 일어일문학과를 졸업하고 현재 전문 번역가로 활동하며 좋은 책을 우리말로 옮기는 데 힘쓰고 있다. 옮긴 책으로는 《감자공주 아리알의 꿈》《불완전한 천재 수학자들》《생존을 건 온갖 생물들의 못 말리는 사투》《세 살부터 수학 잘하는 아이로 키우는 책》 외 다수가 있다.

감수 사이토 노리오

일본우주소년단(YAC) 고문, 스페이스 제로원 대표, 우주항공연구개발기구(JAXA) 초대 부본부장. 도쿄농업대학교 공학부를 졸업하고 캘리포니아 공과대학 대학원 항공학과 석사를 수료했다. 프린스자동차 주식회사(현 IHI 에어로스페이스)를 거쳐 1970년 우주개발사업단(NASDA: 현 JAXA)에 들어가 로켓 개발 및 발사 업무, 인공위성 개발, 우주 실험, 지구 관측 및 조사 등의 업무를 맡았다. 그 후, 지구과학기술추진기구(ESTO) 상무이사, 일본우주소년단(YAC) 전무이사를 거쳐 지금까지 폭 넓은 우주 관련 업무 경험을 토대로 강연, 이벤트를 열고 어린이들에게 우주에 대한 꿈을 심어주고 있다.

Original Japanese title: Uchuu Ryokou e Dekakeru Ehon
Originally published in japanese by PIE International in 2014

PIE International Inc.
2-32-4, Minami-Otsuka, Toshima-ku, Tokyo 170-0005 JAPAN

Copyright ©2014 akemi tezuka / hiroko murata / PIE International

All rights reserved.
No part of this publication may be reproduced in any form or by any means, graphic, electronic or mechanical, including photocopying and recording by an information storage and retrieval system, without permission in writing from the publisher.

이 책의 한국어판 저작권은 EYA(Eric Yang Agency)를 통한 PIE International Inc.와의 독점 계약으로 와이즈만북스에 있습니다.
저작권법에 의하여 한국 내에서 보호를 받는 저작물이므로 무단 전재와 무단 복제를 금합니다.

● 이 책에서 소개한 내용 중에는 여러 학설이 있는 것도 있습니다. 또 미래의 우주여행 계획은 예정이 변경될 수도 있습니다.
● 이 책에 나온 길이, 무게, 일수 등은 대략적인 수치입니다.

우주여행
우리도 갈 수 있어!

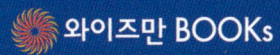

오늘은 둥근 지구를 한번 살펴볼까?
달도 탐험해 보고 화성에도 가 보자.

목성　토성　천왕성　해왕성

우주 비행사가 아니어도
우주여행을 할 수 있는 날이 머지않아 올 거야.
그런 날이 오면
곧바로 우주로 떠날 수 있게
자세히 알아 두자!

처음으로 우주에 간 주인공은 누구?

1961년 1월

침팬지가 우주로 날아갔어.
수컷이고, 이름은 햄.

출발 전에 여러 훈련을 받은 햄은
머큐리-레드스톤 2호(미국)를 타고 16분 동안
비행하는 데 성공했어.
그리고 무사히 대서양에 착륙했지.

1957년 11월

첫 번째 주인공은 개였단다.

스푸트니크 2호(구소련)를 타고 암컷 라이카가 우주로 떠났어.

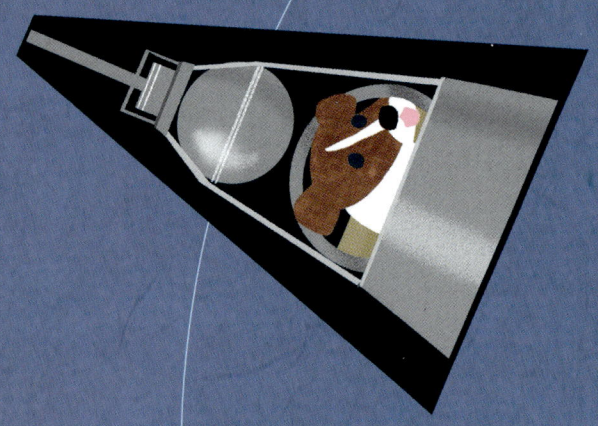

1957년 10월

세계 최초의 인공위성 발사에 성공!

스푸트니크 1호(구소련)

1961년 4월

인류 최초로 우주에 간 사람은 비행사 유리 가가린이야.

그는 출발한 지 9분 후, 지구 궤도에 들어갔어.
보스토크 1호(구소련)를 탄 유리 가가린의 눈에는 캄캄한 하늘과
난생 처음 본 선명한 푸른 지구가 비춰졌지.
그러고는 지구를 한 바퀴 돌고 돌아왔어.

> 지구는 푸른빛이야.

미국인 최초로 지구 궤도를 돈 사람은 비행사 존 글렌이야.

1962년 2월

존 글렌은 미국이 쏘아 올린
머큐리아틀라스 6호를 타고
우주로 날아갔어.
콜사인(호출 부호)은 프렌드십 7호였어.

> 지구를 세 바퀴 돌았어.

1965년 3월

비행사 알렉세이 레오노프(구소련)가 인류 최초로 우주유영에 성공했어. 보스토크 2호를 타고 지구를 한 바퀴 돈 후, 5미터 길이의 생명줄에 의지한 채 약 20분 동안 지상 500킬로미터 상공에 떴어. 우주복이 부풀어 버리기도 했지만 무사히 지구로 돌아왔지.

우주선이 떠 있는 상태에서 우주 비행사가 우주선 밖에서 하는 활동

달을 향한 아폴로 계획(미국)

1961년부터 미국 항공 우주국(NASA)은 인간을 달로 보내려는 계획을 세웠어. 그리고 그 계획이 성공하기까지 여러 번 발사를 시도했어.

우주 개발을 모두 관할하고 종합적인 우주 계획을 추진하는 곳

1969년 7월 16일, 아폴로 11호가 지구를 출발했어. 7월 20일에는 드디어 착륙 성공! 인류가 처음으로 달을 밟은 순간이었지.

그 후, 1972년까지 아폴로 11호부터 17호의 6기가 달에 착륙했어. 달에 내린 우주 비행사는 모두 열두 명이었어.

※13호는 착륙하지 못하고 지구로 돌아왔어.

1 분리된 제3단 로켓의 윗부분에서 달로 향하는 3인승 사령선+기계선이 나와.

2 사령선+기계선이 반 바퀴 돌아 제3단 로켓에 들어 있는 달착륙선과 도킹해.
우주 공간에서 두 대 이상의 우주선 또는 인공위성이 접근하여 결합함.

3 방향을 바꾸어 달로 향해.

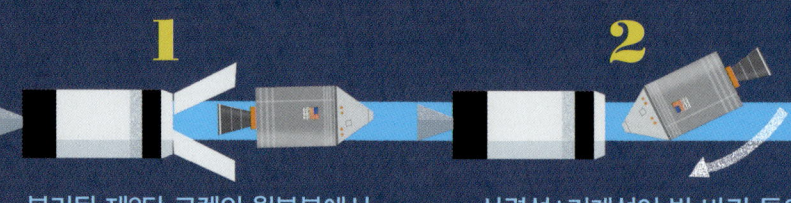

새턴 V형 로켓(3인승)
● 크기: 전체 길이 110미터 ● 무게: 2,700톤

탈출용 로켓
제3단 로켓
기계선
사령선
착륙선

10 낙하산이 펼쳐지고 태평양에 착륙해.

9 기계선을 분리해.

다녀왔습니다!

우주 비행사 세 명 중 두 명은 착륙선을 타고 달 표면에 착륙해. 나머지 한 명은 사령선을 타고 달의 상공을 돌면서 기다리지.

5 달착륙선이 분리되어 달 표면에 착륙!

4 달 궤도에 들어가.

한 사람에게는 단지 조그만 한 발짝에 불과하지만 전 인류에게는 하나의 큰 도약이다.
_닐 암스트롱

달 착륙

6 사령선+기계선은 달 주위를 빙글빙글 돌아.

사령선+기계선

이륙

8 달에 내린 우주 비행사 두 명이 사령선+기계선에 옮겨 타.

7 달착륙선의 아래쪽인 발사대는 달에 두고 위쪽만 사령선에 도킹해.

이 우주선은 꼭 알아 두자!

최근까지 운행한 스페이스 셔틀 (미국)

소유즈 같은 일회용 로켓과 달리 여러 번 발사할 수 있는 우주선이야.
7인승이며, 우주와 지구를 계속 왕복할 수 있어.
그래서 우주 왕복선이라고 하지.
1981년부터 2011년까지 30년 동안 5기로
135회 발사되었어.

화물실
승무원실

● 크기: 전체 길이 37미터 ● 무게: 73톤(짐을 싣지 않았을 때)

스페이스 셔틀에는 큰 화물실이 있어.
국제 우주 정거장을 만들기 위한 큰 화물이나
허블 우주 망원경, 인공위성을 우주로 운반해.

소유즈 타입의 우주선 선저우 (중국)

3인승으로 된 선저우는 소유즈처럼
일회용 우주선이야.
궤도선은 버리지 않고 인공위성으로
사용할 수 있도록 되어 있어.
앞으로도 계속 발사될 거야.

태양 전지 패널
궤도선
기계선
귀환선

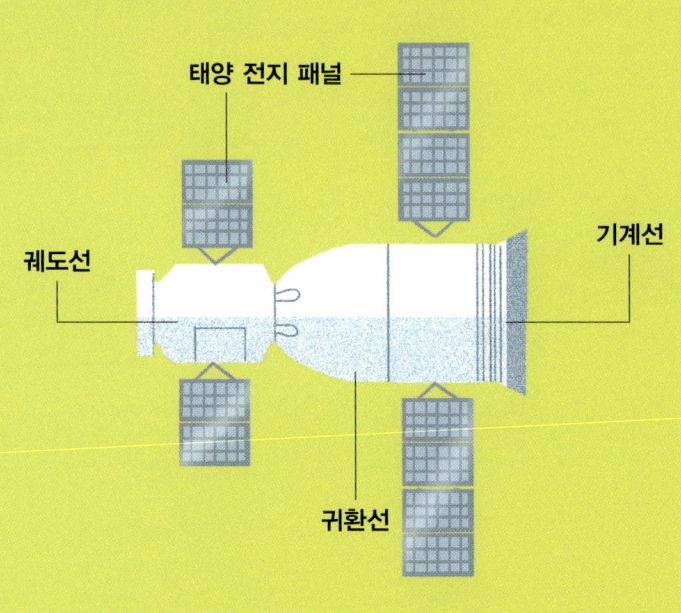

● 우주선의 크기: 전체 길이 8미터
● 발사용 로켓의 크기: 전체 길이 62미터
● 무게: 464톤

다녀오겠습니다!

로켓처럼 발사되고 글라이더처럼 착륙해.

다녀왔습니다!

지금도 운행 중! 소유즈 (러시아)

1967년에 발사된 최초의 유인 우주선은 1인승이었어. 그 후, 계속 개량되어 소유즈는 3인승이 되었지. 소유즈는 국제 우주 정거장의 우주 비행사가 교대할 때 사용되는데 로켓도, 우주선도 모두 일회용이야.

태양 전지 패널

궤도선 — 우주 비행사가 생활하는 장소야.

기계선 — 엔진을 실은 곳이야.

귀환선 — 우주 비행사가 타는 귀환선의 3인용 좌석은 비행사 각자의 몸에 맞추어 만드는 주문 제작식이야.

다녀왔습니다!

궤도선과 기계선은 대기권에 들어갈 때 귀환선에서 분리되어 타 버려.

● 크기: 전체 길이 7미터(TMA형)
● 무게: 7톤

● 발사용 로켓의 크기: 전체 길이 50미터
● 무게: 305톤

우주에 가기 위해 오랫동안 여러 나라에서 많은 사람들이 노력하고 연구했어.

그런데 어디부터가 우주일까?

지상 100킬로미터 이상을 우주라고 하기로 약속했단다.

600km (킬로미터)

허블 우주 망원경

400km (킬로미터)

대기권
지구를 덮는 공기가 있는 곳.
지상에서 멀어질수록 공기는 옅어진다.

100km (킬로미터)

화성

지구에 가장 가까워질 때 화성까지
5,600만 킬로미터
가장 멀리 떨어질 때는 4억 킬로미터

달까지 38만 킬로미터

허블 우주 망원경의 궤도

국제 우주 정거장의 궤도

국제 우주 정거장

우주에 가면 모두 붕붕 뜬다고 하는데… 중력, 무중력이 뭘까?

두 물체가 서로 끌어당기는 힘을 '인력'이라고 하고, 지구 인력(지구가 다른 물체를 끌어당기는 힘)에 의한 힘을 '중력'이라고 해. 무게는 중력 때문에 생기는데 무중력 상태가 되면 무게가 없어져. 그래서 뭐든 붕붕 뜨지. 무중력은 당기는 힘과 반대 방향의 힘이 서로 균형을 이룰 때 생겨.

38만 킬로미터나 떨어진 달은 지구 인력의 영향을 받아. 지상 400킬로미터 상공에 떠 있는 국제 우주 정거장은 지구 인력으로 인해 지구에게 계속 끌리지. 하지만 굉장히 빠른 속도(초속 7.7 킬로미터)로 움직이고 있어서 중력과 반대 방향의 힘인 원심력이 생기고, 그 두 힘은 서로 같아서 아래로 떨어지지 않아. 그러면 그 안은 무중력 상태가 되지.

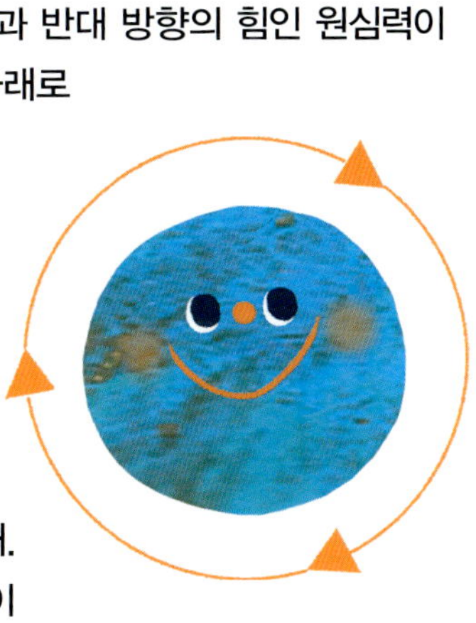

궤도란 뭘까?

궤도란 물체가 움직이는 길을 말해. 인공위성이나 국제 우주 정거장이 지나는 길은 지구를 도는 궤도야. 태양을 중심으로 움직이는 별들이 다니는 길은 태양을 도는 궤도라고 해.

우주에서는 어떻게 생활할까?

무중력 공간에서 생활하면 어떤 느낌일까?
400킬로미터 상공의 우주에서 사는 사람들이 있어.
바로 국제 우주 정거장(ISS)에서 활동하는 우주 비행사들이지.
그곳에서 어떻게 생활하는지 한번 알아볼까?

국제 우주 정거장(ISS)이란?
International Space Station

400킬로미터 상공에 만들어진 큰 우주 연구소야. 400킬로미터는 어느 정도의 거리일까? 서울에서 부산까지의 거리와 거의 비슷해. 크기는 축구장 정도야. 1985년에 개발되기 시작했고, 1998년부터 40회 이상이나 우주선을 보내서 설비나 부품을 운반했어.
미국, 일본, 러시아, 유럽, 캐나다 등 15개 국가가 협력해서 우주에 세웠지. 2011년에 완성되어 지금은 우주 비행사 여섯 명이 그 안에서 활동해.

로봇 팔

인간의 팔과 똑같이 움직일 수 있어. 우주 정거장 밖에서 작업할 때 사용되며, 우주선이 왔을 때 잡기도 해. 우주 정거장 밖에서 활동할 때는 로봇 팔 끝에 발을 고정해서 작업해.
발 아래 로봇 팔이 보이지?

> 우주 정거장 안의 중력은 지상의 100만분의 1이야. 거의 무중력 상태라고 할 수 있지.

큐폴라
아래쪽을 향한 7개의 창문은 지구를 볼 수 있는 최고의 장소야.

오로라   화산 분화

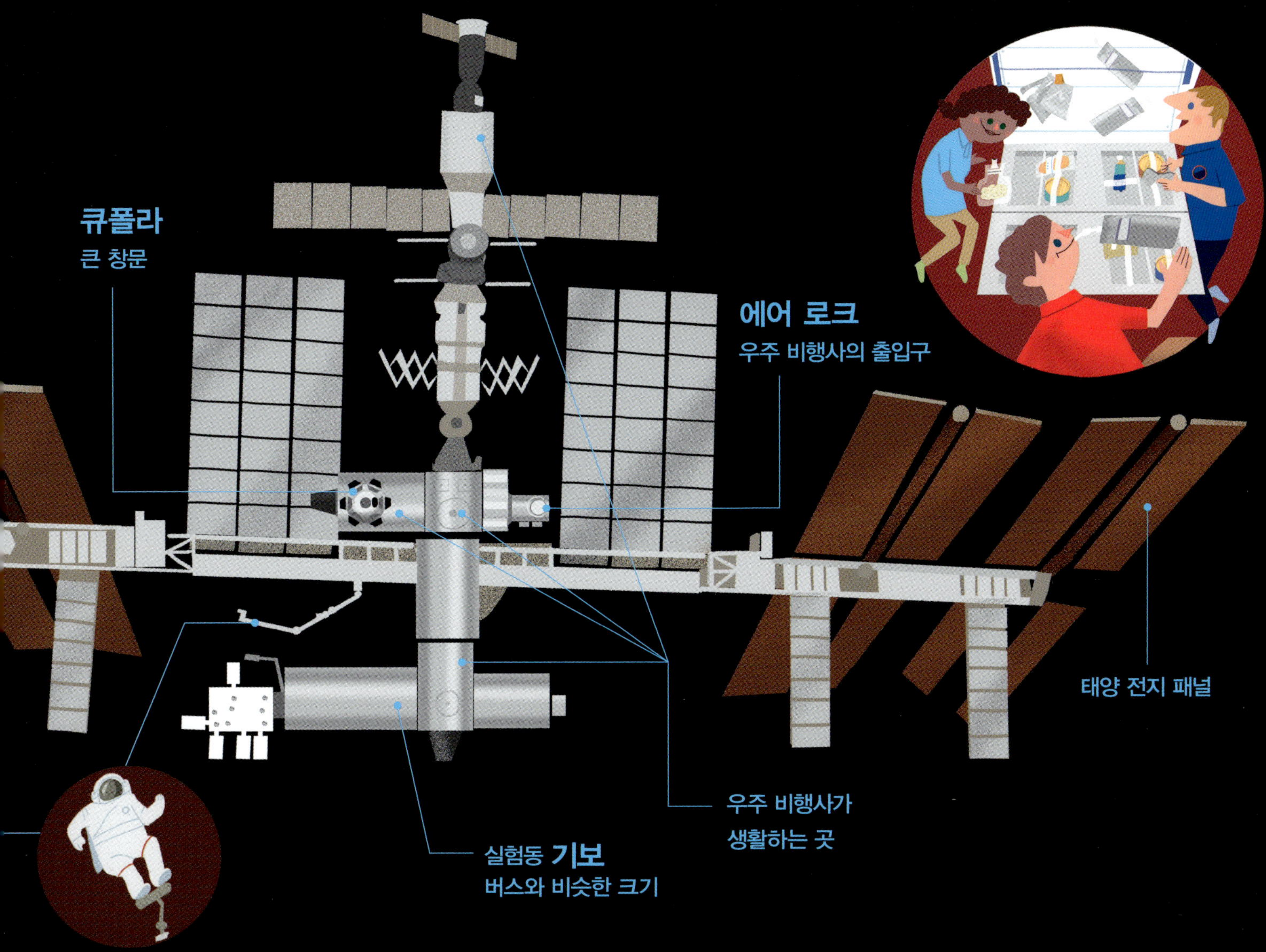

큐폴라
큰 창문

에어 로크
우주 비행사의 출입구

태양 전지 패널

우주 비행사가
생활하는 곳

실험동 기보
버스와 비슷한 크기

국제 우주 정거장으로 가는 우주 화물 수송선

프로그레스 보급선(러시아)

고노토리(일본)

드림 체이서(미국 민간기) · 개발 중

지구로 돌아올 수 있는 우주선이야.

드래곤(미국 민간기)

시그너스(미국 민간기)

일출과 일몰

야경

별이 빛나는 하늘

우주 비행사들이 멋지다고 감탄한 경치

국제 우주 정거장에서의 생활은?

국제 우주 정거장은 약 90분에 지구를 한 바퀴 돌아. 하루에 지구를 열여섯 바퀴 돌지. 즉, 하루에 낮과 밤이 열여섯 번이나 반복돼. 하지만 시계는 지상에서 쓰는 그리니치 표준시(영국 천문대)에 맞추어져서 지구에 있을 때와 똑같이 살고 있어.

3.5L

무슨 옷을 입지?

쾌적한 온도와 습도가 유지되기 때문에 집 안에 있을 때처럼 활동하기 편한 복장이야. 바지에 매직테이프가 붙어 있어서 여러 가지 물건을 붙일 수 있어.

수프는 빨대로 마시고 소금이나 후추는 튜브에 들어 있어. 우주선이 오면 신선한 채소와 과일도 먹을 수 있어. 그래서 비행사들은 우주선이 오기만을 기대하지.

우주식은 어떤 맛일까?

메뉴는 300가지 정도야. 맛은 진하지. 지구에서는 중력 때문에 피가 아래쪽으로 쏠리지만, 무중력 상태에서는 혈액과 같은 몸속 수분이 상체 쪽으로도 똑같이 퍼져 코가 막혀. 그래서 맛을 잘 느끼지 못하기 때문에 진한 맛으로 되어 있어. 물을 더 넣거나 오븐에 데우기도 해.

물은 하루에 얼마나 사용할까?

물은 우주선에서 가져와. 하루에 한 명당 3.5리터밖에 사용할 수 없지. 에어컨에서 나온 물이나 소변, 땀을 마실 수 있는 깨끗한 물로 바꾸는 기계도 있어.
목욕이나 샤워는 하지 않기 때문에 몸은 물수건이나 물티슈로 닦아. 이를 닦고 입을 다물어 헹군 다음, 마시거나 수건에 뱉어. 화장실에는 일반 변기가 있지만 몸이 떠 있어서 앉기는 힘들어. 소변, 대변은 모두 청소기처럼 빨아들이지.

공기는 있을까?

우주선이 산소 탱크로 운반해 와.
그 밖에 에어컨의 물에서 산소를 만드는 기계나 인간이 뱉은 이산화탄소를 없애는 기계도 있어. 지구에서는 자연이 하는 일이지. 우주에서 살다 보면 자연이 얼마나 소중한지 알게 돼.

소리나 냄새가 날까?

우주처럼 공기가 없는 곳에서는 소리를 들을 수 없어. 하지만 국제 우주 정거장 안은 지상과 똑같이 공기가 있어서 소리도, 냄새도 느낄 수 있어. 방귀도 당연히 냄새가 나지.

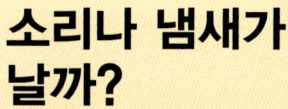

잠은 어떻게 잘까?

공중전화 부스만 한 넓이의 방이 있는데 그 안에 침낭을 두고 자.
주머니방 애벌레 같은 침낭에서 팔을 빼고 있으면 팔이 유령처럼 떠올라.

세탁은 어떻게 할까?

물이 별로 없기 때문에 세탁은 할 수 없어. 속옷은 사흘 이상, 바지는 한 달 이상 입지. 일본에서는 악취가 안 나는 옷이 개발되었어.

청소와 쓰레기 처리는?

일주일에 한 번 청소기로 청소해. 쓰레기는 짐을 운반해 온 우주선에 실어 대기권에서 태운단다.

운동은 할까?

힘을 많이 쓰지 않아도 몸을 움직일 수 있기 때문에 근육이나 뼈가 점점 약해져. 그래서 지구로 돌아왔을 때 힘들지 않도록 운동 기계로 매일 2시간은 꼭 운동하지.

생물을 기를 수 있을까?

실험용으로 잉어, 송사리, 도롱뇽, 쥐, 거미 같은 동물이 있기도 해. 실험용이지만 쉬는 시간에 이 동물들을 들여다보고 있으면 마음이 편해져. 식물도 키우는데 중력이 없기 때문에 뿌리가 여러 방향으로 자라.

어떤 연구를 할까?

무중력이나 진공을 이용해서 여러 가지 실험을 해. 새로운 소재나 약을 개발하는 데 큰 도움이 되지. 우주에서 생물이 어떻게 변하는지 조사하거나 우주에서 건강하게 살기 위한 방법도 연구해. 또 지상에서는 관측할 수 없는 먼 우주의 현상이나 우주 공간, 지구의 모습도 관찰해. 기계를 점검하거나 수리해야 할 때도 있어서 꽤 바쁘단다.

7센티미터 자란 사람도 있어!

키가 자란다는데 정말일까?

키가 자라는 것은 척추 사이의 디스크에 체중이 가해지지 않기 때문이야. 지상에 있을 때보다 하반신에 있는 혈액 등 체액이 상반신으로 이동해서 허리도, 다리도 얇아져. 얼굴은 둥글어지고 주름도 없어지지.

뼈는 한 달에 지상의 10배 속도로 약해져.

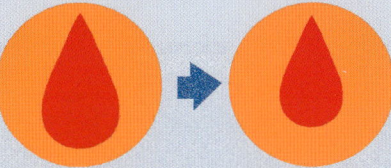

혈액의 양이 줄어들어.

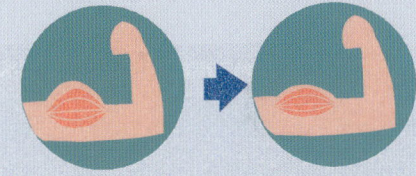

근육은 지상의 2배 속도로 약해져.

긴급 상황일 때는 어떻게 할까?

타고 온 우주선 소유즈 2기가 항상 도킹되어 있기 때문에 그것을 타고 지구로 돌아올 수 있어. 우주 정거장 안에 있는 화장실이 고장 났을 때는 소유즈의 화장실을 사용하기도 해.

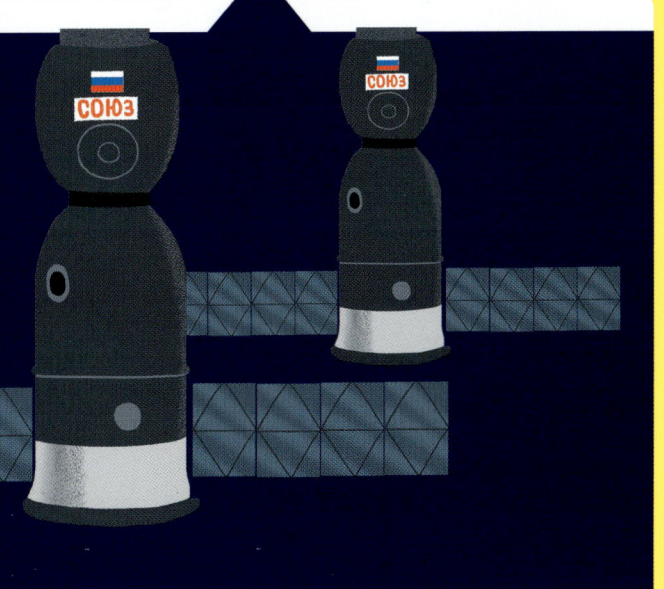

내가 만일 우주에 간다면?

팔씨름을 하면 어떻게 될까?

둘 다 빙글 돌아.

하이파이브를 하면 어떻게 될까?

둘 다 붕 날아가.

줄다리기를 하면 어떻게 될까?

서로 쾅 부딪혀.

줄에 매단 구슬을 밀면 어떻게 될까?

계속 빙글빙글 돌아.

짐을 옮길 때는 어떻게 할까?

다리 사이에 끼우거나 입에 물고 손으로 벽을 밀면서 부딪치지 않도록 옮겨.

우주복을 입어 볼까?

우주선 밖으로 나갈 때는 몸을 보호하기 위해 우주복을 입어. 우주 공간에는 공기가 없고 위험한 방사선도 많이 떠다니거든. 그리고 우주선 밖은 아주 덥고, 또 아주 추워.

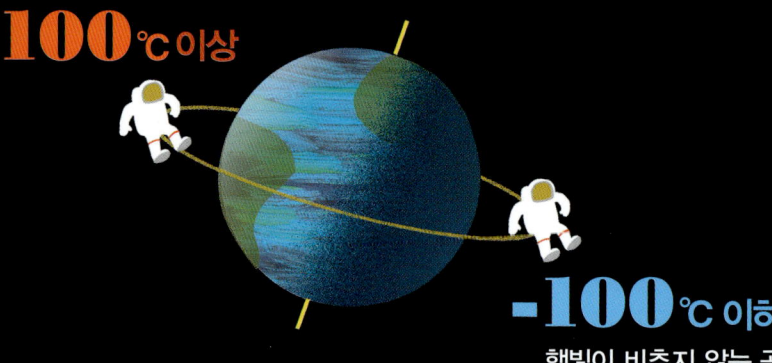

햇빛이 비추는 곳
100°C 이상

-100°C 이하
햇빛이 비추지 않는 곳

미국제 우주복 VS 러시아 우주복

러시아제는 위아래가 붙어 있고, 미국제는 떨어져 있어.

◀ 러시아제는 뒤에서부터 입는 게 특징이야.

액체 냉각 속옷

튜브를 달아 찬물을 흘려. 작업하면서 체온이 오르는 것을 방지하는 옷이야.

우주복 입는 순서

1 하의를 입는다.

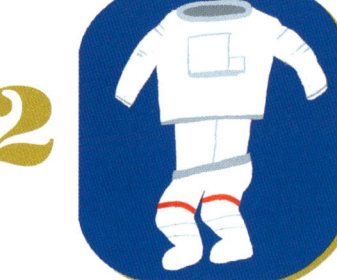
2 상의를 입는다.

3 위아래를 단단히 여민다.

4 헤드셋을 낀다.

5 장갑을 낀다.

6 헬멧을 쓰면 완성!

우주복은 나만의 작은 우주선

우주복의 무게는 무려 120킬로그램! 그래서 혼자서는 입을 수 없어. 우주로 나갈 때까지 필요한 것을 순서대로 장착하고 점검한 다음, 우주복 안의 낮은 기압에 익숙해질 때까지 5시간 정도 걸려. 방사선이나 우주 쓰레기로부터 몸을 보호하기 위해 옷감을 14장이나 겹쳤어. 더 스마트하고 움직이기 편한 미래의 우주복이 계속 개발되고 있어.

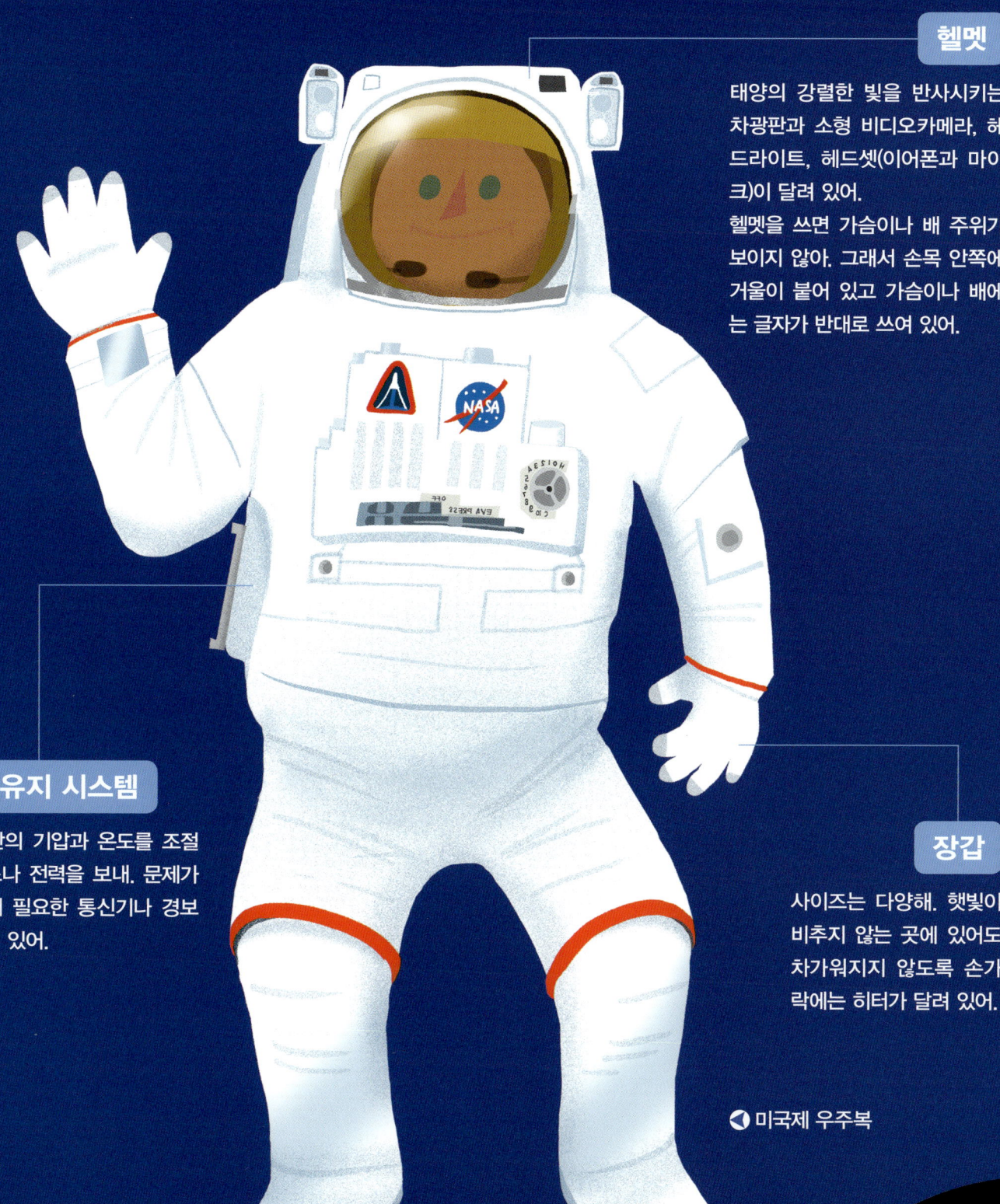

헬멧
태양의 강렬한 빛을 반사시키는 차광판과 소형 비디오카메라, 헤드라이트, 헤드셋(이어폰과 마이크)이 달려 있어.
헬멧을 쓰면 가슴이나 배 주위가 보이지 않아. 그래서 손목 안쪽에 거울이 붙어 있고 가슴이나 배에는 글자가 반대로 쓰여 있어.

생명 유지 시스템
우주복 안의 기압과 온도를 조절하고 산소나 전력을 보내. 문제가 생겼을 때 필요한 통신기나 경보기도 붙어 있어.

장갑
사이즈는 다양해. 햇빛이 비추지 않는 곳에 있어도 차가워지지 않도록 손가락에는 히터가 달려 있어.

◀ 미국제 우주복

- 목이 마르면 입 부분에 있는 빨대로 물을 마셔.
- 화장실에 갈 수 없어서 기저귀를 차.

그럼 이제 우주로 떠나 볼까?

달로 떠나 보자!

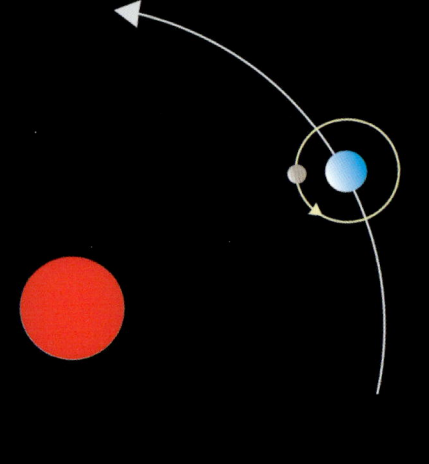

달(The Moon)

표면 온도: 110 ℃~170 ℃
표면 중력: 지구의 6분의 1
크기: 지름은 지구의 4분의 1
지구로부터의 거리: 38만 킬로미터
(지구가 30개 늘어선 거리)

※달과 지구는 1년에 4센티미터씩 멀어진다.

우주 비행사들의 발자국을 찾아보자.
그리고 달에서 본 지구의 아름다운 모습을 감상해 보자.

중력은 지구의 6분의 1밖에 되지 않기 때문에
점프하거나 공을 던지면 신기록을 세울 수 있어.
무거운 물건도 거뜬히 들어 올릴 수 있지.

달 표면은 모래(레골리스)로 덮여 있어.
운석이나 작은 별들이 부딪혀 생긴 조각이야.
뾰족뾰족하고 잘 달라붙어.

달 표면 모습

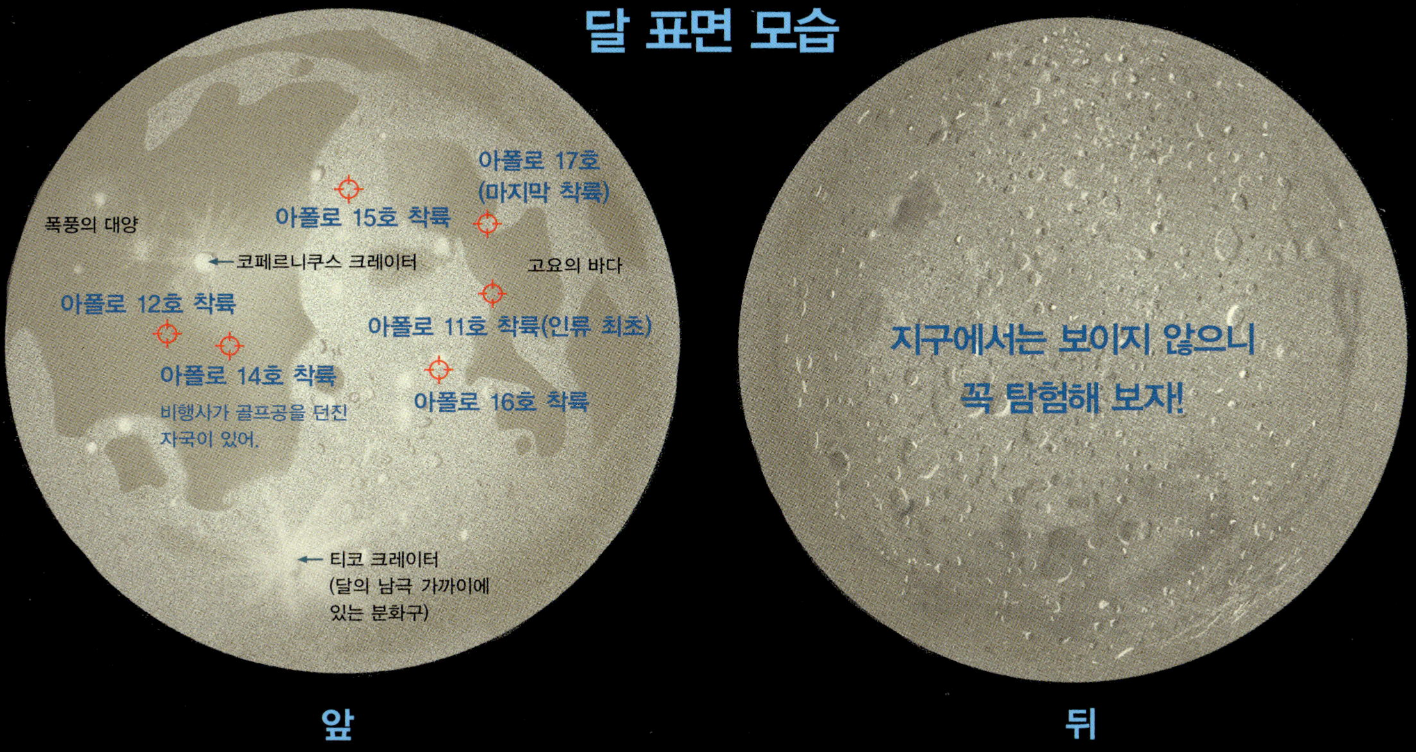

앞
- 폭풍의 대양
- 아폴로 15호 착륙
- 아폴로 17호 (마지막 착륙)
- 코페르니쿠스 크레이터
- 고요의 바다
- 아폴로 12호 착륙
- 아폴로 11호 착륙(인류 최초)
- 아폴로 14호 착륙 - 비행사가 골프공을 던진 자국이 있어.
- 아폴로 16호 착륙
- 티코 크레이터 (달의 남극 가까이에 있는 분화구)

뒤
지구에서는 보이지 않으니 꼭 탐험해 보자!

달은 지구를 한 바퀴 도는 동안 스스로 한 바퀴 돌아(자전). 그래서 지구에서는 항상 같은 면만 보이지.

2019년에는 중국의 창어 4호가 세계 최초로 달 뒷면에 착륙했어.

지구가 떠오르고 지는 모습도 볼 수 있어.

달에는 공기가 없기 때문에 바람도 불지 않고 비도 내리지 않아. 앞서 온 우주 비행사들의 발자국도 아마 남아 있을 거야.

달 표면에 떨어진 달 탐사 위성 '가구야'를 찾아보자.

아폴로가 운반해 온 달착륙선이나 달 표면 탐사 로봇도 찾아보자.

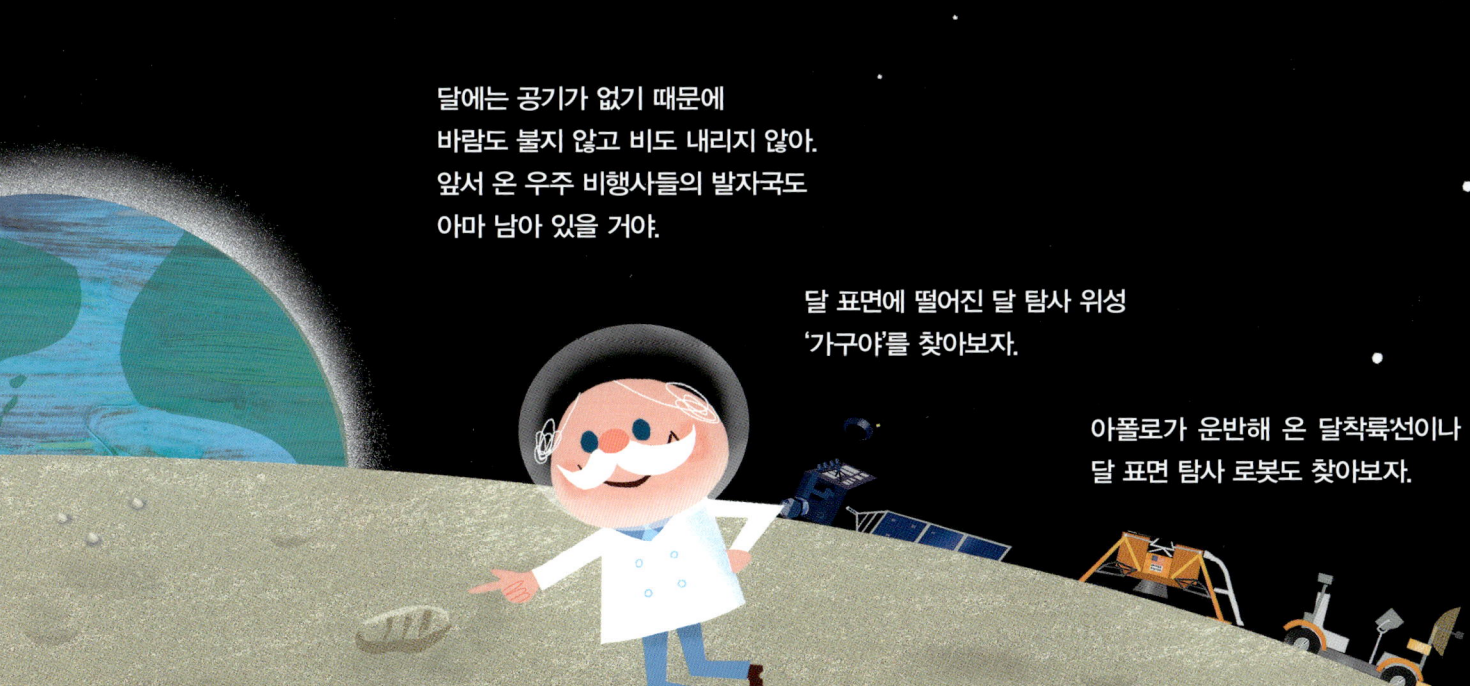

화성으로 떠나 보자!

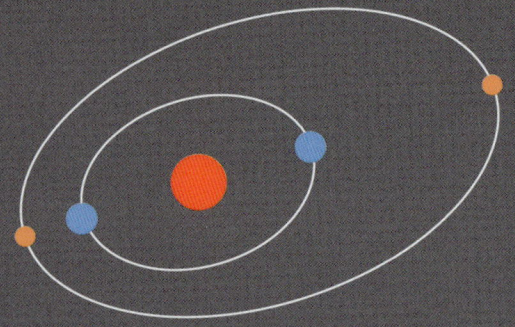

화성(The Mars)

표면 온도: 27 ℃~140 ℃
표면 중력: 지구의 3분의 1
크기: 지름은 지구의 2분의 1
하루의 길이: 24.6시간
1년의 길이: 687일
지구로부터의 거리: 5,600만 킬로미터
(지구에 가장 가까울 때)

※화성 전체를 덮는 어마어마한 모래 폭풍이 발생하는 경우가 있다.

화성을 도는 두 위성, 포보스와 다이모스를 살펴보자.
태양계에서 가장 높은 올림포스 산에도 올라가 보자.

포보스
감자 같은 모양의 작은 두 위성. 크기는 지구를 도는 달의 100분의 1보다 작아.

다이모스

태양계에서 가장 높은 올림포스 산
높이는 백두산의 9배 이상이나 돼.

화성의 모습

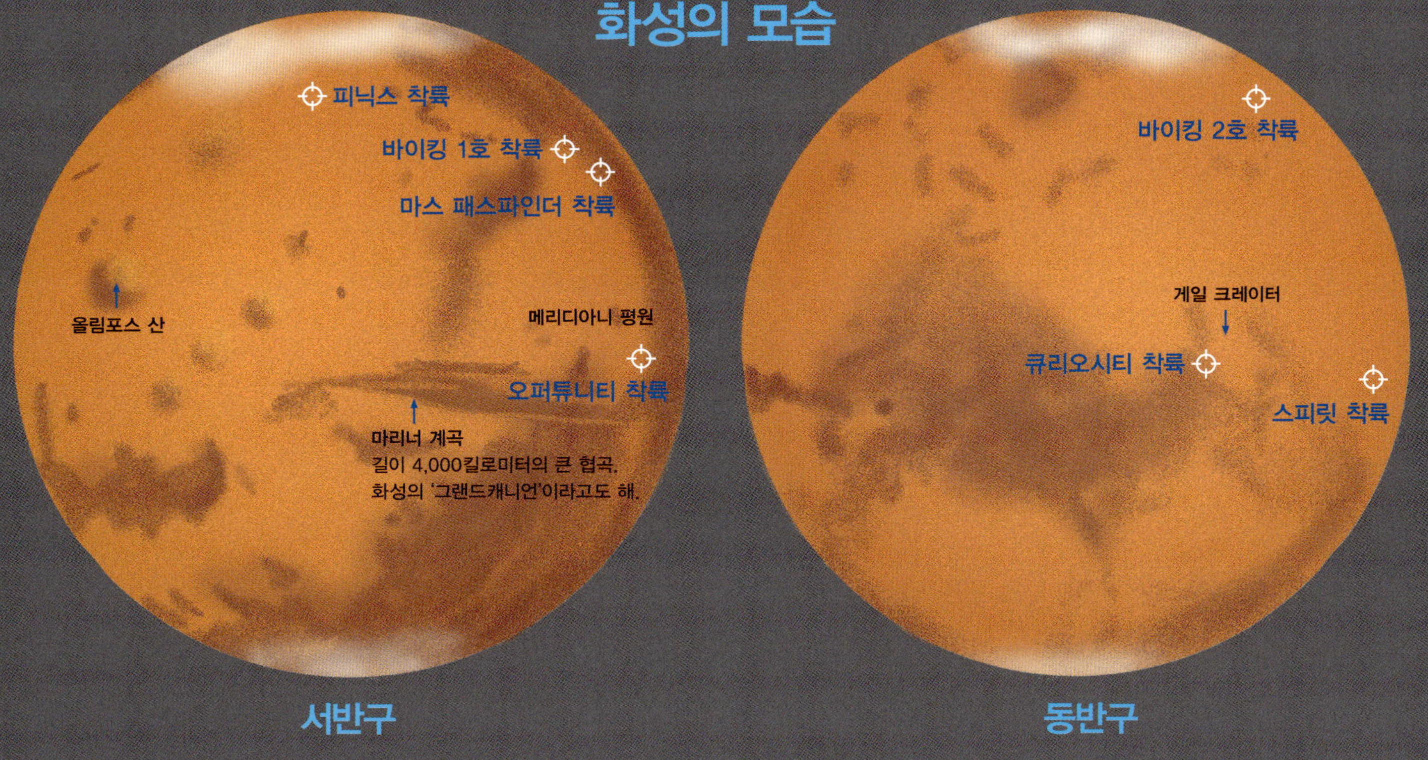

서반구
- 피닉스 착륙
- 바이킹 1호 착륙
- 마스 패스파인더 착륙
- 올림포스 산
- 메리디아니 평원
- 오퍼튜니티 착륙
- 마리너 계곡
  길이 4,000킬로미터의 큰 협곡. 화성의 '그랜드캐니언'이라고도 해.

동반구
- 바이킹 2호 착륙
- 게일 크레이터
- 큐리오시티 착륙
- 스피릿 착륙

표면은 붉은 산화철로 덮여 있어서 붉은 행성이라고도 해.

화성은 태양계의 행성 중에서 지구와 가장 비슷한 별이야.
대기와 얼음이 있고 사계절도 있어.
하지만 화성의 대기는 지구에 비하면 훨씬 얇아.
그리고 대부분 이산화탄소로 되어 있단다.

화성 탐사 로봇 10기

지금까지 탐사 로봇 10기가 화성에 착륙했어. 피닉스는 얼음을 발견했고 큐리오시티는 지금도 지구에 사진이나 데이터를 보내. 물이 흐른 자국도 발견했지. 어쩌면 생물이 있을지도 모르고, 앞으로 또 발견될지도 몰라.

작업 중인 큐리오시티에게 인사하자.

자기가 할 일을 다 하고 어디선가 잠들었을 거야.

바쁘게 일하는구나!

피닉스(2008년 착륙)

큐리오시티(2012년 착륙)

앞으로의 우주 계획이 궁금해!

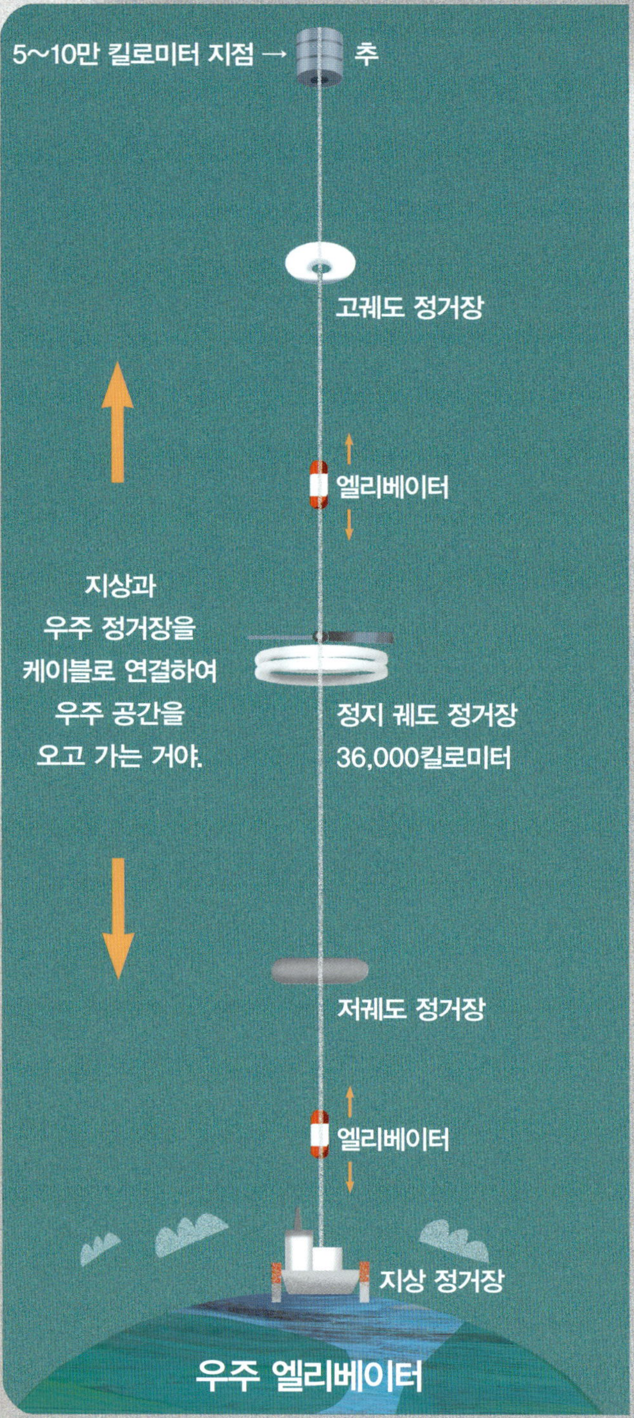

5~10만 킬로미터 지점 → 추

고궤도 정거장

엘리베이터

지상과 우주 정거장을 케이블로 연결하여 우주 공간을 오고 가는 거야.

정지 궤도 정거장
36,000킬로미터

저궤도 정거장

엘리베이터

지상 정거장

우주 엘리베이터

지상과 우주를 엘리베이터로 연결하려는 계획이 있어. 미국과 일본에서 연구가 시작되었어.

SPACE NEWS

우주 호텔
이미 호텔의 실험기가 지구 궤도를 돌고 있어.

우주 농장
우주에서 채소를 키우는 연구가 진행되고 있지.

달이나 화성에 갈 수 있는 날이 곧 올 거야. 미래의 우주 계획에 대해 알아보자.

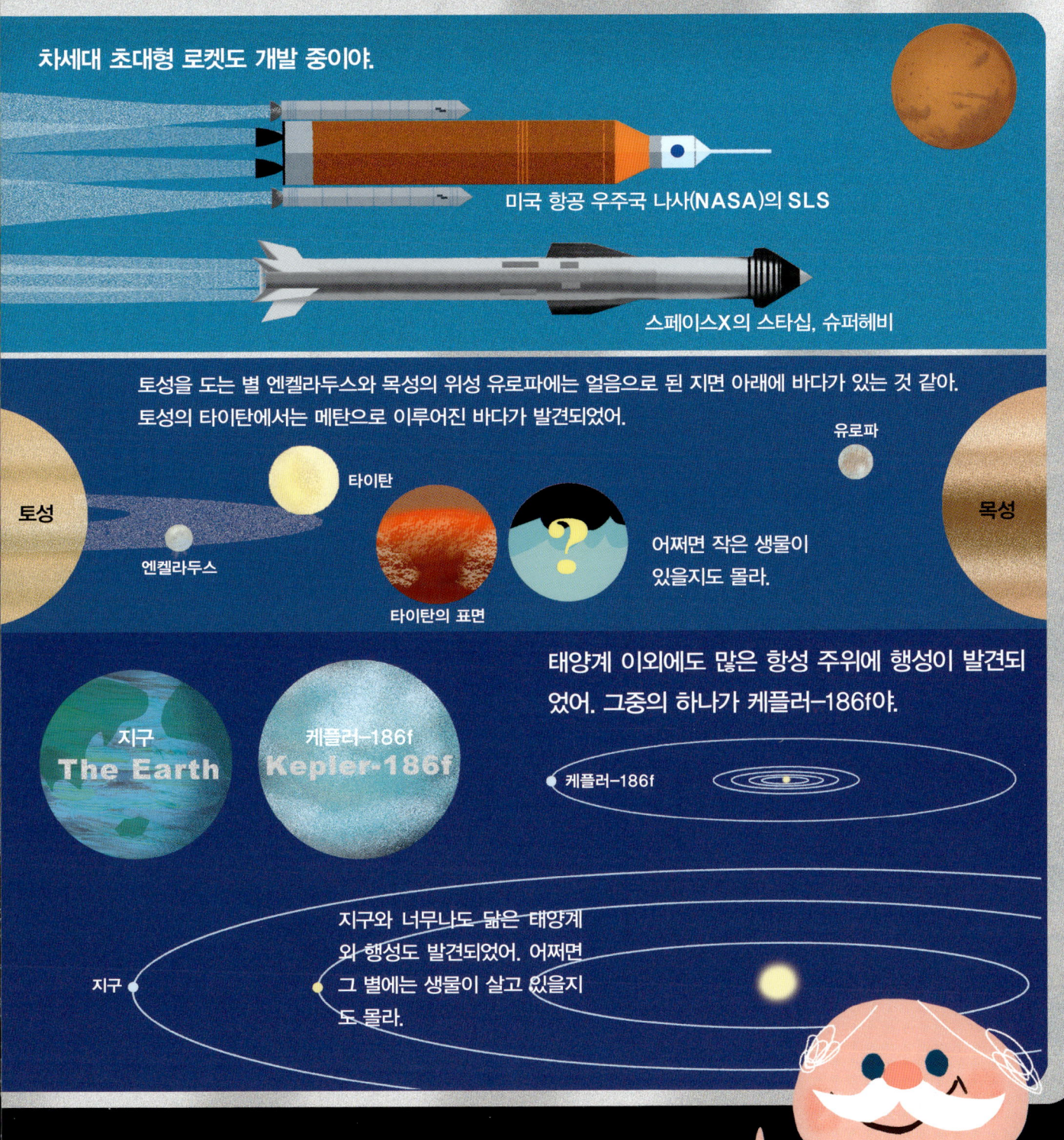

차세대 초대형 로켓도 개발 중이야.

미국 항공 우주국 나사(NASA)의 SLS

스페이스X의 스타십, 슈퍼헤비

토성을 도는 별 엔켈라두스와 목성의 위성 유로파에는 얼음으로 된 지면 아래에 바다가 있는 것 같아. 토성의 타이탄에서는 메탄으로 이루어진 바다가 발견되었어.

토성 엔켈라두스 타이탄 타이탄의 표면 유로파 목성

어쩌면 작은 생물이 있을지도 몰라.

태양계 이외에도 많은 항성 주위에 행성이 발견되었어. 그중의 하나가 케플러-186f야.

지구 The Earth 케플러-186f Kepler-186f

케플러-186f

지구와 너무나도 닮은 태양계와 행성도 발견되었어. 어쩌면 그 별에는 생물이 살고 있을지도 몰라.

지구

가슴이 두근댈 정도로 기대되는
새로운 소식이 앞으로 계속 날아올 거야.

Space tours

여기서부터는
우주여행에 대해
안내하지.

Space tours 01

우주여행의 종류를 알아볼까?

우주 엘리베이터 투어
(연구 중)

우주 호텔에 숙박
상공 450 킬로미터의 궤도를 돌아.

국제 우주 정거장에 체류
상공 400 킬로미터의 궤도를 돌아.

서브오비탈 비행
몇 분간의 우주 체험이야.
지구 궤도를 돌지는 않아.

지구
The Earth

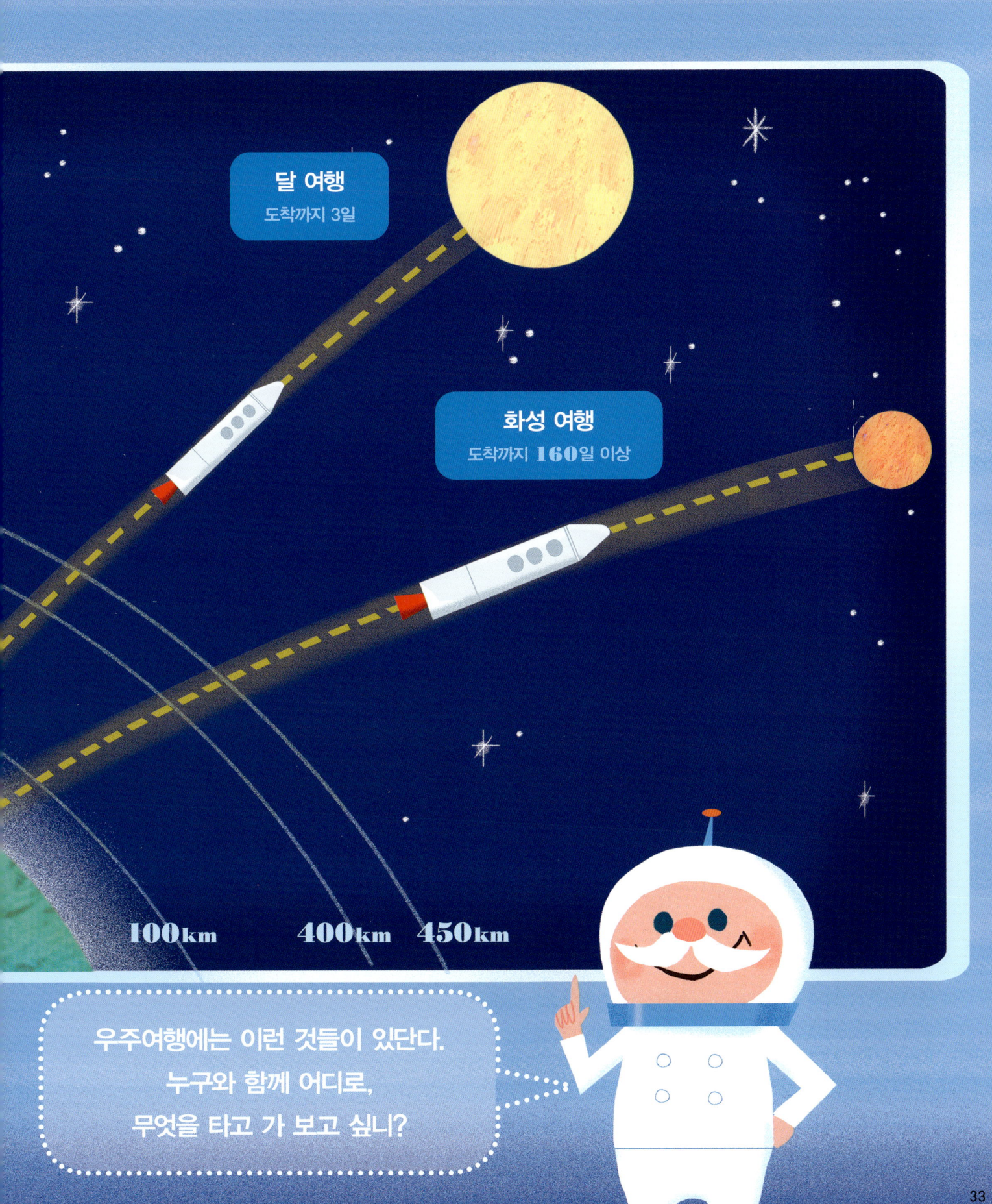

Space tours 02

⚠️ 우주여행을 떠나기 전의 각오

우리가 흔히 말하는 여행과는 큰 차이가 있어.

1. 철저한 준비

목적지나 탈것의 종류에 따라 여러 가지 훈련과 오랜 준비 기간이 필요해. 지구 궤도를 돌아 우주에 머무는 경우, 무중력에 익숙해지기 위한 훈련 외에도 우주복 착용 방법, 긴급 시 대처 방법 등 우주 비행사와 같은 훈련이 필요할 거야.

2. 몸에 가해지는 힘

우주선이 발사될 때와 대기권에 재돌입할 때는 몸에 큰 힘이 가해져. 롤러코스터에 탔을 때를 떠올려 봐.

3. 우주 멀미

처음 무중력 공간에 들어서면 속이 메스꺼워지는 사람도 있어. 멀미약을 갖고 가는 게 좋을 거야.

우주여행, 정말 기대되지?
하지만 우주여행은 이제 막 시작된 단계야.
모든 준비를 빈틈없이 마치고
'이제는 갈 수 있겠다!'고
결심한 사람들이 떠날 수 있는 여행이란다.

4 지구로 돌아온 후

지구로 돌아오면 지구의 중력에 깜짝 놀랄 거야. 걸으려고 해도 몸이 잘 움직이지 않을 수 있어. 균형이 잘 잡히지 않아 어지럽고 비틀거리기도 해. 오랜 시간 우주에 있으면 근육이나 뼈가 약해져서 지구로 돌아오면 원래 몸 상태로 회복하는 데 재활 치료가 필요할지도 몰라.

5 지구 주위는 혼잡할까?

국제 우주 정거장 외에도 지구 관측 위성이나 기상 위성, GPS 위성 등 우리 생활에 도움이 되는 인공위성이 지구 주위를 돌아. 작은 운석도 날아다니지. 그 밖에도 다 사용한 로켓이나 부서진 인공위성, 우주 쓰레기 파편들도 떠다녀. 그것들은 굉장한 속도로 날아다니기 때문에 혹시라도 부딪히면 아주 위험해.
지금은 우주 쓰레기를 만들지 않을 방법과 함께 그것들을 회수하거나 지구 궤도에서 멀리 보내려는 연구가 진행되고 있어.

Space tours 03

우주여행을 떠날 준비

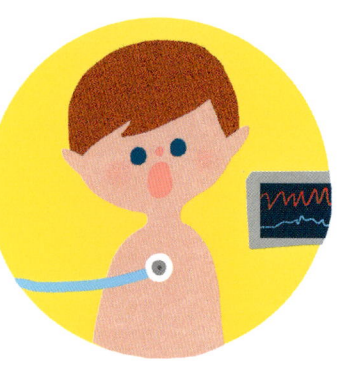

건강 진단
전문 의사에게
건강 진단 받기

출발 전의 훈련

발사될 때와 지구로 돌아왔을 때
몸에 큰 힘이 가해지므로 회전하는
기계를 타고 체험해 보기

기압의 변화 체험하기

무중력 상태가 되었을 때
몸을 움직이는 방법을 훈련하기

우주에서도 메일을 보내거나 인터넷 전화로
지구에 있는 사람과 통화할 수 있어.
사진도 많이 찍어서 선물로 보여줄게~.

외워 두자! 영어와 러시아 어
국제 우주 정거장에 갈 때 영어와 러시아 어를 알아 두면 편리해!

예	Yes : 예스	Да : 다
아니오	No : 노	Нет : 녯
감사합니다	Thank you : 생큐	Спасибо : 스파시바
안녕하세요	Hello : 헬로	Здравствуйте : 즈드랏스부이쩨
안녕히 계세요	Good bye : 굿 바이	Досвидания : 다스비다냐

지구로 돌아오면 몸이 중력에 익숙해질 때까지 조심할 것!

며칠 동안 우주에 있었다면…

잠시 자리에 앉은 채로 머리나 눈을 움직이지 않는다.

갑자기 일어서지 않는다.

무엇이든지 전보다 무겁게 느껴지기 때문에 떨어뜨리지 않도록 잘 잡는다.

앉아 있으면 몸의 무게 때문에 엉덩이가 아프다.

푹신푹신한 카펫 위를 걷는 것 같이 중심을 잘 잡지 못한다.

Space tours 04

우주 공항에 대하여

세계 곳곳에서 우주 공항이 착착 준비되고 있어.
그럼, 어디에서 출발해 볼까?

③ 스페이스 포트 스웨덴

바이코누르 우주 기지 (카자흐스탄)

출 발 →

1 스페이스 포트 아메리카 (미국 뉴멕시코 주)

스페이스십2를 타고 우주로 날아가는 세계 최초의 상업용 우주 공항이야. 우주 비행사의 훈련 시설도 있어. 주위는 사막 지대여서 건조하고 맑은 날이 많아 날씨 때문에 예정이 바뀌는 일은 별로 없을 거야.

가운데가 스페이스십2.
스페이스십2를 상공까지 운반하는 것이
양쪽의 화이트 나이트2.

2 모하비 우주 공항 (미국 캘리포니아 주)

사막 한가운데에 있는 민간 공항이야. 여기에서는 다양한 우주선 실험과 개발이 진행 중이야. 사막에는 자연 보호 구역이 있어서 멋진 대자연을 즐길 수 있어. 코요테 같은 야생 동물도 만날 수 있지.

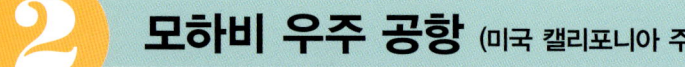

스페이스 포트 아메리카

모하비 우주 공항

케이프커내버럴

② ① ④

● 다이키초(일본 홋카이도)
● 싱가포르

그 밖에도 계속해서 개항이 예정되어 있어.

③ 스페이스 포트 스웨덴 (스웨덴 키루나)

스웨덴의 북쪽에 있는 키루나 시의 국제공항에 우주 공항을 세울 예정이야. 여기에서 날아가면 아름다운 오로라를 우주에서 바라볼 수 있어.

④ 케이프커내버럴 (미국 플로리다 주)

나사(NASA)의 로켓 발사 기지가 있어. 케네디 우주 센터가 있으며, 아폴로 우주선이 여기에서 발사되었어. 근처에는 큰 우주 박물관이 있어서 발사대나 진짜 새턴 V 로켓도 볼 수 있지. 우주선의 조종실이나 우주 공간을 체험할 수 있는 시설도 있어.

Space tours 05

우주여행을 자세히 살펴보자

예비 우주여행

간접 체험 비행

모집 중

제트기로 무중력 체험

기체의 자유 낙하로 생기는 무중력을 체험해 보자. 20~30초 동안 무중력을 10~20회 체험할 수 있어. 공중에 뜬 물을 마셔 보고, 또 슈퍼맨처럼 공중을 날아보자.

- 소요 시간: 1~2시간
- 출발지: 모스크바 국제공항, 나고야 공항 외
- 준비: 건강 진단서

※시간이나 횟수는 투어에 따라 다르다.

개발 중

기구 타고 지구 감상

기구를 타고 상공 30킬로미터까지 올라가는 거야. 평상복을 입고 탈 수 있지. 무중력 체험은 할 수 없지만 캄캄한 우주 공간과 파랗고 아름다운 지구를 실컷 볼 수 있어.

- 소요 시간: 2시간

우주 입구 여행

서브오비탈 비행

모집 중

스페이스십2로 상공 110킬로미터 정도에서 약 4분 동안 우주 체험

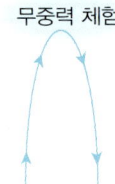

무중력 체험

- 소요 시간: 2시간
- 수용 인원: 파일럿 2명, 승객 6명
- 출발지: 스페이스 포트 아메리카 외

모집 중

블루 오리진의 뉴 셰퍼드로 상공 110킬로미터 정도에서 약 5분 동안 우주 체험

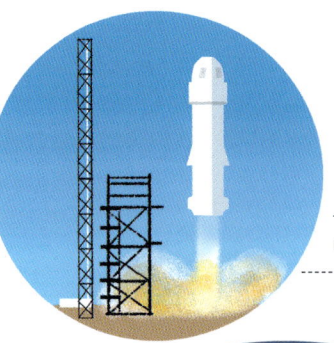

- 수용 인원: 6명
- 출발지: 텍사스 서부

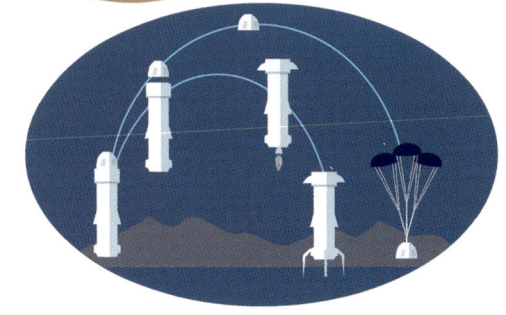

우주에 머무는 여행

국제 우주 정거장에 체류

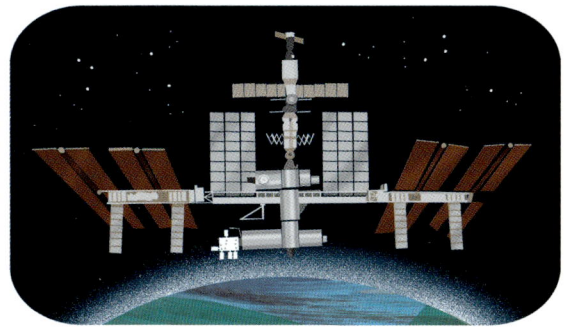

모집 중

90분마다 지구의 떠오르는 일출 감상

러시아의 소유즈, 미국의 크루 드래곤이나 스타라이너를 타고 갈 수 있어.
일주일 동안 머무를 예정이야.

- 수용 인원: 소유즈=3명,
  크루 드래곤/스타라이너=7명
- 출발지: 소유즈=바이코누르 우주 기지,
  크루 드래곤/스타라이너=케이프커내버럴
- 준비: 건강 진단, 출발 전 3~6개월 훈련

우주 호텔에 숙박

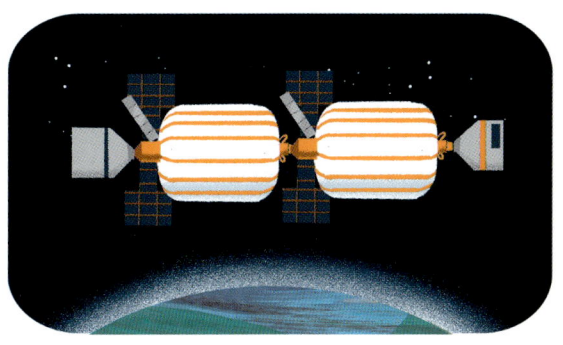

개발 중

우주에서 샤워하고 침대에서 쿨쿨

기체를 우주로 운반해 부풀리거나(비글로 에어로스페이스) ISS에 거주 모듈을 결합한 후 미래에 독자적인 우주 정거장으로 만드는 등(액시엄 스페이스) 우주 호텔을 세우는 계획이 진행 중이야.

신형 로켓 개발

소유즈 외에도 국제 우주 정거장이나 우주 호텔에 가기 위한 우주선을 연구하고 있어.

단단식 로켓

2단식 로켓

재사용 로켓

Space tours 06

우주여행은 아직 끝나지 않았어!

가장 가 보고 싶은 곳은 달!

달을 한 바퀴 도는 여행

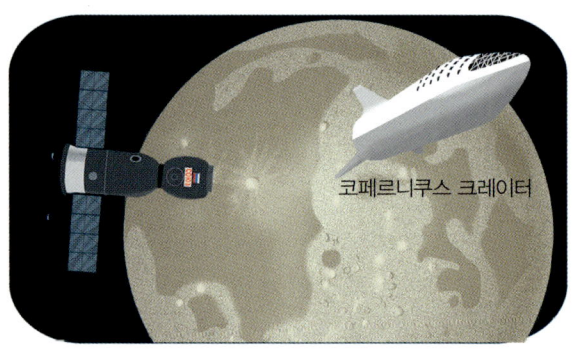
코페르니쿠스 크레이터

사흘에 걸쳐 달 궤도에 도착한 후, 달을 한 바퀴 도는 계획이 추진되고 있어. 3인승 소유즈를 타고 갈 수도 있고, 스페이스X가 개발하고 있는 초대형 우주선 스타십을 타고 가는 방법도 마련될 거야.
크고 둥근 모양의 코페르니쿠스 크레이터를 관찰해 보자.

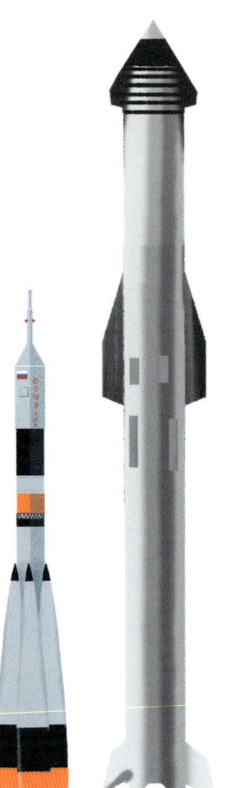

지구에서는 볼 수 없던 달의 뒤편을 볼 수 있어.
달에 호텔이 생기면 좋겠다.

화성에 가기 전에 다시 달 착륙

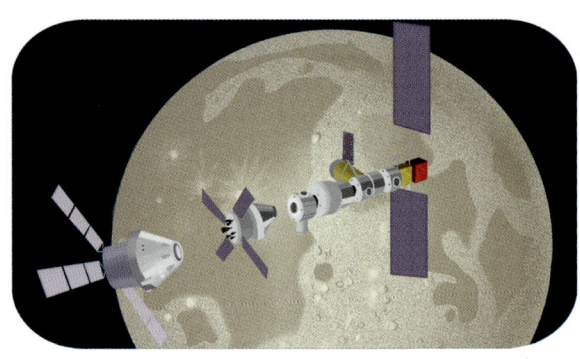

미국이 국제 협력을 통해 화성에 가기 전에 달에 가는 아르테미스 계획을 세웠어. 아폴로 계획 이후 다시 달에 착륙하려는 거지. 4인승 오리온 우주선을 타고 게이트웨이(달 궤도 우주 정거장)에 도킹한 후 달 주위를 돌며 관찰하거나 달 표면에 착륙해서 자원을 조사할 예정이야.

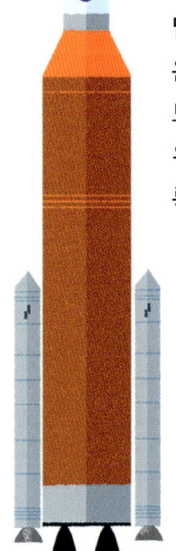

NASA에서는 유인 화성 탐사를 위한 식사를 개발 중이야. 100가지가 넘는 채식 메뉴 위주로, 채소 피자 등도 검토하고 있어.

더 머나먼 별까지 가기 위해 필요한 것들

지금보다 더 빠른 속도로 나는 미래형 로켓이 개발되어야 해. 빛의 속도로 나는 광자 로켓이 생기면 더욱 좋겠지. 그리고 물이나 산소, 음식물을 어떻게 할지, 오랜 시간 우주선 안에서 어떻게 지내면 좋을지 생각해 보자.

멀고도 멀지만 꼭 가 보고 싶은 화성!

화성 유인 비행

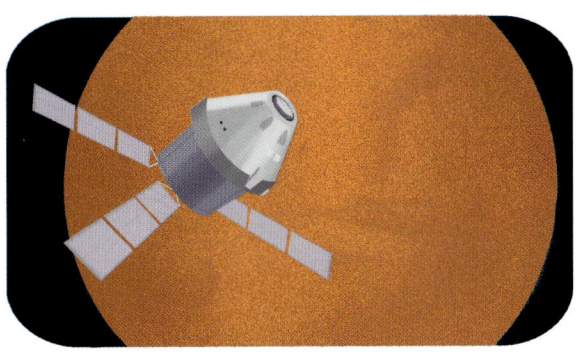

NASA는 유인 우주선 오리온과 개발 중인 초대형 로켓 SLS로 화성 착륙을 계획하고 있어. 인류를 다시 달로 보내는 아르테미스 계획을 세워서 여러 가지 경험을 하며 준비한 후 게이트웨이 계획을 통해 최종적으로 2030년대 중반에는 최초의 우주 비행사를 보낼 예정이야.

화성 이주 프로젝트

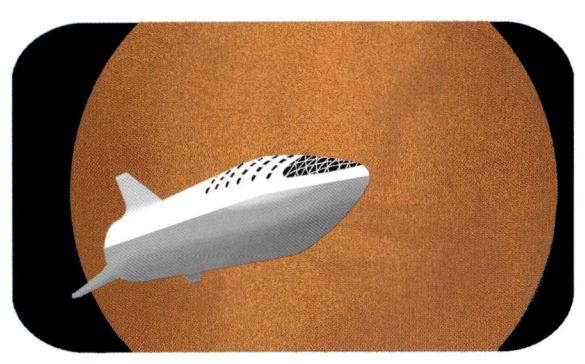

스페이스X는 재사용할 수 있는 100인승 로켓인 스타십을 개발 중이야. 처음에는 소수로 시작해서 몇 십 년 후에는 100만 명 정도의 사람들이 살 수 있는 화성 도시를 계획하고 있어.

◀화성 도시

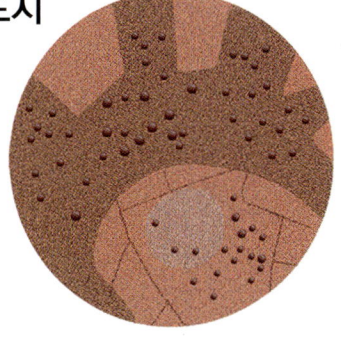

▲메리디아니 평원
탐사 로봇 오퍼튜니티가 착륙해 사진을 많이 보내 주었어. 이것은 블루베리 같은 작은 돌의 모양이야. 예전에 이 부근에도 물이 있었던 것 같아.

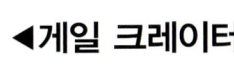

◀게일 크레이터
탐사 로봇 큐리오시티가 보내온 경치. 물이 흐른 자국이 발견되었어.

공기나 물

강한 우주 방사선

식재료 생산

건강 관리

움직이기 편한 우주복

우주로 날아가면
파랗게 빛나는 지구가 눈앞에 펼쳐져서
넋을 잃고 바라보게 되겠지?
우리가 태어나서부터 쭉 살았던 곳인데도 말이야.
얼마나 아름다울지 상상이 안 간다.

누구나 편하게 우주여행을
할 수 있는 날이 빨리 오면 좋을 텐데…….
우리 할아버지, 할머니께도 보여드리고 싶거든.

전 세계의 훌륭한 지도자들도
우주선 안에서 지구를 바라보며 회의를 하면
더 평화로운 이야기를 할 수 있을지도 몰라.

자, 이제 출발하자!

지금까지 경험한 여행과는 전혀 다른,
미래로 이어지는 여행을 떠나자!

우주여행을
마치고 돌아오면
무엇을 느낄 수 있을까?

바람의 상쾌함,
자연의 아름다움,
많은 생물들,
여러 가지 소리…….

그리고 무엇보다
중력이 얼마나 소중한지
깨닫게 될 거야.

감수를 하며

우리의 먼 조상들도 새를 보고 하늘을 날고 싶어 하고, 밤하늘을 올려다보며 '저 별의 세계는 어떨까? 가 보고 싶다!'고 생각했을 것입니다.

오랜 시간이 지나 기구나 비행선이 발명되고 약 100년 전에는 하늘을 자유롭게 날 수 있는 비행기가 만들어졌습니다. 그리고 약 50년 전에 인류는 로켓을 타고 우주로 날아가 달까지 갈 수 있었습니다.

지금까지 우주에 갈 수 있는 사람은 선발된 우주비행사뿐이었지만 최근에는 상황이 바뀌었지요. 비용은 아직 비싸지만 일반인도 짧은 시간 안에 우주에 갈 수 있게 되었습니다.

요즘 아이들은 틀림없이 우주 시대에 생활하고 그들이 성인이 되었을 무렵에는 고가의 해외여행 느낌으로 우주여행을 갈 수 있게 되겠지요. 어떤 일을 해도 우주에 관한 지식이 필요한 우주 시대가 될 것입니다.

우주에서 실제로 지구를 보면 아마도 여러 가지 의미에서 사물을 보는 관점이나 가치관에 변화가 생기리라 믿습니다. 분명 우리 사회의 세계적인 과제를 해결하거나 미래에 대한 비전을 제시하는 데도 긍정적인 영향을 끼칠 것이라고 기대합니다.

이 그림책에 소개된 내용은 미래에 관한 이야기가 많으므로 앞으로 바뀔 수도 있겠지만, 현재의 최신 정보를 담아 아이들이 부모님과 자유롭게 즐거운 상상을 할 수 있으면 좋겠다는 바람으로 서술했습니다.

최근에는 태양계 이외에도 많은 항성에 행성이 돌고 있음이 확인 되었고, 지구와 비슷한 행성도 발견되었습니다. 이 그림책이 우주를 조금이라도 가깝게 느낄 수 있는 계기가 되면 좋겠습니다.

마지막으로 현재 계획이 추진되는 우주공항에 대해 우주 프런티어 재단의 오누키 미스즈 씨와 클럽 투어리즘·스페이스 투어리즘의 아사카와 게이지 사장님의 말씀을 참고했습니다. 감사의 인사드립니다.

사이토 노리오

와이즈만 호기심 그림책 01

우주여행
우리도 갈 수 있어!

1판 1쇄 발행 2016년 11월 15일
1판 2쇄 발행 2021년 4월 1일

글·그림 데즈카 아케미 / **옮김** 김경은
감수 사이토 노리오, 와이즈만 영재교육연구소

발행처 와이즈만 BOOKs
발행인 염만숙
출판사업본부장 김현정
편집 오성임 박종주
디자인 도토리_서희정
마케팅 김혜원 김유진

출판등록 1998년 7월 23일 제 1998-000170
제조국 대한민국
사용 연령 7세 이상
주소 서울특별시 서초구 남부순환로 2219 나노빌딩 5층
전화 마케팅 02-2033-8987 편집 02-2033-8928
팩스 02-3474-1411
전자우편 books@askwhy.co.kr
홈페이지 books.askwhy.co.kr

이 도서의 국립중앙도서관 출판예정도서목록(CIP)은
서지정보유통지원시스템 홈페이지(http://seoji.nl.go.kr)와
국가자료공동목록시스템(http://www.nl.go.kr/kolisnet)에서 이용하실 수 있습니다.
(CIP제어번호 : CIP2016023874)

◎ 와이즈만 BOOKs는 (주)창의와탐구의 출판 브랜드입니다.